1st Grade Math Workbooks
Basic Measurements
Math Worksheets Edition

Speedy Publishing LLC
40 E. Main St. #1156
Newark, DE 19711
www.speedypublishing.com

feet and inches

Convert. Show your solutions.

1. 108 in = ______ ft

2. 6 ft = ______ in

3. 120 in = ______ ft

feet and inches

Convert. Show your solutions.

4. 96 in = ______ ft

5. 1 ft = ______ in

6. 4 ft = ______ in

feet and inches

Convert. Show your solutions.

7. 5 ft = ______ in

8. 12 ft = ______ in

9. 84 in = ______ ft

feet and inches

Convert. Show your solutions.

10. 2 ft = ______ in

11. 11 ft = ______ in

12. 3 ft = ______ in

feet and inches

Convert. Show your solutions.

13. 10 ft = ______ in

14. 12 in = ______ ft

15. 84 in = ______ ft

feet and inches

Convert. Show your solutions.

16. 120 in = ______ ft

17. 36 in = ______ ft

18. 12 ft = ______ in

feet and inches

Convert. Show your solutions.

19. 9 ft = ________ in

20. 12 ft = ________ in

21. 72 in = _______ ft

feet and inches

Convert. Show your solutions.

22. 5 ft = ________ in

23. 11 ft = ________ in

24. 24 in = _______ ft

feet and inches

Convert. Show your solutions.

25. 3 ft = ______ in

26. 1 ft = ______ in

27. 9 ft = ______ in

feet and inches

Convert. Show your solutions.

28. 7 ft = _______ in

29. 12 ft = _______ in

30. 10 ft = _______ in

feet and inches

Convert. Show your solutions.

31. 96 in = ______ ft

32. 4 ft = _______ in

33. 72 in = ______ ft

feet and inches

Convert. Show your solutions.

34. 48 in = ______ ft

35. 12 in = ______ ft

36. 84 in = ______ ft

yards and feet

Convert. Show your solutions.

1. 2 yd = ______ ft

2. 4 yd = ______ ft

3. 33 ft = _____ yd

yards and feet

Convert. Show your solutions.

4. 3 ft = _____ yd

5. 12 yd = ______ ft

6. 8 yd = ______ ft

yards and feet

Convert. Show your solutions.

7. 18 ft = _____ yd

8. 9 yd = ______ ft

9. 10 yd = ______ ft

yards and feet

Convert. Show your solutions.

10. 21 ft = _____ yd

11. 9 ft = _____ yd

12. 15 ft = _____ yd

yards and feet

Convert. Show your solutions.

13. 12 ft = _____ yd

14. 12 yd = ______ ft

15. 10 yd = ______ ft

yards and feet

Convert. Show your solutions.

16. 11 yd = ______ ft

17. 5 yd = ______ ft

18. 2 yd = ______ ft

yards and feet

Convert. Show your solutions.

19. 11 yd = ______ ft

20. 36 ft = _____ yd

21. 27 ft = _____ yd

yards and feet

Convert. Show your solutions.

22. 30 ft = _____ yd

23. 5 yd = _____ ft

24. 24 ft = _____ yd

yards and feet

Convert. Show your solutions.

25. 33 ft = _____ yd

26. 21 ft = _____ yd

27. 2 yd = _____ ft

yards and feet

Convert. Show your solutions.

28. 3 ft = _____ yd

29. 18 ft = _____ yd

30. 12 yd = _____ ft

yards and feet

Convert. Show your solutions.

31. 3 yd = ______ ft

32. 4 yd = ______ ft

33. 36 ft = _____ yd

yards and feet

Convert. Show your solutions.

34. 12 ft = _____ yd

35. 12 ft = _____ yd

36. 1 yd = _____ ft

ounces and pounds

Convert. Show your solutions.

1. 2 lb = ________ oz

2. 6 lb = ________ oz

3. 64 oz = _____ lb

ounces and pounds

Convert. Show your solutions.

4. 1 lb = ________ oz

5. 7 lb = ________ oz

6. 8 lb = ________ oz

ounces and pounds

Convert. Show your solutions.

7. 48 oz = ______ lb

8. 9 lb = ________ oz

9. 5 lb = ________ oz

ounces and pounds

Convert. Show your solutions.

10. 10 lb = ________ oz

11. 6 lb = ________ oz

12. 64 oz = _____ lb

ounces and pounds

Convert. Show your solutions.

13. 6 lb = ________ oz

14. 160 oz = _____ lb

15. 5 lb = ________ oz

ounces and pounds

Convert. Show your solutions.

16. 80 oz = _____ lb

17. 7 lb = _________ oz

18. 1 lb = _________ oz

ounces and pounds

Convert. Show your solutions.

19. 6 lb = ________ oz

20. 10 lb = ________ oz

21. 9 lb = ________ oz

ounces and pounds

Convert. Show your solutions.

22. 2 lb = ________ oz

23. 5 lb = ________ oz

24. 64 oz = _____ lb

ounces and pounds

Convert. Show your solutions.

25. 10 lb = ________ oz

26. 7 lb = ________ oz

27. 8 lb = ________ oz

ounces and pounds

Convert. Show your solutions.

28. 48 oz = _____ lb

29. 1 lb = ________ oz

30. 96 oz = _____ lb

ounces and pounds

Convert. Show your solutions.

31. 80 oz = _____ lb

32. 8 lb = ________ oz

33. 64 oz = _____ lb

ounces and pounds

Convert. Show your solutions.

34. 64 oz = _____ lb

35. 16 oz = _____ lb

36. 160 oz = _____ lb

ANSWERS

1. 9 ft
2. 72 in
3. 10 ft
4. 8 ft
5. 12 in
6. 48 in
7. 60 in
8. 144 in
9. 7 ft
10. 24 in
11. 132 in
12. 36 in
13. 120 in
14. 1 ft
15. 7 ft
16. 10 ft
17. 3 ft
18. 144 in
19. 108 in
20. 144 in
21. 6 ft
22. 60 in
23. 132 in
24. 2 ft
25. 36 in
26. 12 in
27. 108 in
28. 84 in
29. 144 in
30. 120 in
31. 8 ft
32. 48 in
33. 6 ft
34. 4 ft
35. 1 ft
36. 7 ft

1. 6 ft
2. 12 ft
3. 11 yd
4. 1 yd
5. 36 ft
6. 24 ft
7. 6 yd
8. 27 ft
9. 30 ft
10. 7 yd
11. 3 yd
12. 5 yd
13. 4 yd
14. 36 ft
15. 30 ft
16. 33 ft
17. 15 ft
18. 6 ft
19. 33 ft
20. 12 yd
21. 9 yd
22. 10 yd
23. 15 ft
24. 8 yd
25. 11 yd
26. 7 yd
27. 6 ft
28. 1 yd
29. 6 yd
30. 36 ft
31. 9 ft
32. 12 ft
33. 12 yd
34. 4 yd
35. 4 yd
36. 3 ft

1. 32 oz
2. 96 oz
3. 4 lb
4. 16 oz
5. 112 oz
6. 128 oz
7. 3 lb
8. 144 oz
9. 80 oz
10. 160 oz
11. 96 oz
12. 4 lb
13. 96 oz
14. 10 lb
15. 80 oz
16. 5 lb
17. 112 oz
18. 16 oz
19. 96 oz
20. 160 oz
21. 144 oz
22. 32 oz
23. 80 oz
24. 4 lb
25. 160 oz
26. 112 oz
27. 128 oz
28. 3 lb
29. 16 oz
30. 6 lb
31. 5 lb
32. 128 oz
33. 4 lb
34. 4 lb
35. 1 lb
36. 10 lb

www.ingramcontent.com/pod-product-compliance
Lightning Source LLC

LaVergne TN